JN441271

삶 속의 보다를 찾아서

삶 속의 붓다를 찾아서

초판 1쇄 발행 2025년 12월 12일

지은이 황동욱
펴낸이 장길수
펴낸곳 지식과감성#
출판등록 제2012-000081호

교정 이주연
디자인 김희영
편집 김희영
검수 주경민, 이현
마케팅 김윤길

주소 서울시 금천구 벚꽃로298 대륭포스트타워6차 1212호
전화 070-4651-3730~4
팩스 070-4325-7006
이메일 ksbookup@naver.com
홈페이지 www.knsbookup.com

ISBN 979-11-392-2965-3(03810)
값 13,000원

삶 속의 못다를 찾아서

황동욱 시집

내게 일어나는 수많은 잘못들은
거의 모두 내게 그 뿌리를 박고 있다

지식과감성#

차 례

사리암 가는 길 1

내게 일어나는 수많은 잘못들은 거의 모두 내게 그
뿌리를 박고 있다
고통을 피하려는 얄팍한 생각에 다른 탓, 남의 탓으
로 미루기 위하여 온갖 구실을 붙일 뿐

사리암으로 가는 길은 내게 박힌 모든 잘못의 뿌리를
확인할 수 있는 기회, 털어낼 수 있다면 털어낼 기회

가을비 맞으며 흘리는 땀방울이 마침 누렇게 혹은 황
갈색으로 바뀌는 나뭇잎들과 부산스럽게 대화 중이다
그렇구나, 우리 둘 다 곧 아래로 떨어지리라

가을비도 그 대화에 끼워달라고 속삭인다
나도야, 나도야

사리암 가는 길 2

땀이 흐르며 옷을 적시고
가을비가 내리며 옷을 적신다

땀은 안에서 적시고
빗물은 밖에서 적시고

땀이야 내 온몸이 흘리는 눈물이지만
가을비는 무엇이 흘리는 눈물이리

알면 뭐 하니
하나로 통하면 그뿐
참회의 뼈아픈 고백이라도 서로 나누면 좋으리

사리암 가는 길 3

나의 현주소를 확인할 수 있는 수단과 방법은 여러
가지다

사리암 올라가는 시멘트 계단 옆에 자그마한 표지판
하나
가을비 맞으며 서 있다
한때는 새것이었으리
지금은 이렇게 낡고 녹슬었을지라도
가리키는 방향은 아직 남아 있다고

빗물이 흘러내리며 어루만진다
싸늘한 날씨 속에서 나누는 절박한 위로이리

헉헉거리며 계단을 오르는 내게는 무엇이 저렇도록
절박한 위로가 될까
이미 흘러간 많은 시간들일까
아직은 남은 삶일까

운동 부족 탓에, 나이 탓에 가빠지는 호흡은 위로가
아닌 게야
얼버무리며 사리암으로 오르는 길은 참 아픈 길이다

사리암 가는 길 4

사람이 아끼는 것을 내놓을 적엔 나름 중대한 목적이
있을 게다

사리암 저쯤 보이는 난간에 백팔 염주랑, 복주머니랑,
단주랑,
나름 소중했을 소지품들이 주렁주렁 달렸다

어떤 이는 받으려 했을 게고
어떤 이는 내려놓으려 했을 게다

받으려 했든, 놓으려 했든
나름 소중한 것을 걸고 이루려 했다
그저가 아닌

세상살이가 그저가 아닌 것을 아는 것만으로도
힘에 겨운 일
땀이 섞이고 마음이 얽히는 일

사리암 오르는 길은 그저가 아니다

사리암 가는 길 5

모든 것은 제 역할이 있고, 그 역할이 끝나면 퇴장한다, 적어도 인연 따라 얽힌 것들은 그러하다

삿된 것들 버리려 오르는 길
사리암 가는 길
그 옆에 찌그러진 플라스틱 물병이 가을비를 맞으며 누워있다

그것은 무슨 소중한 역할을 마치고 저리도 아프게 누웠나
서럽도록 아리는 시선

퇴장도 품위가 있고
그 품위는 퇴장하는 것이나 퇴장시키는 것이나 모두 품격을 보이는 장치인 것을

삿된 것을 버리려 가는 길에
삿된 것이 오히려 쌓이는 중
중생이란 늘 이렇게 스스로 앓는 길을 가는가

사리암 가는 길 6

길은 제법 가파르고 숨이 상당히 고조될 즈음
흔들리는 다리 때문에 혹 쓰러질지도 모를 위험에서
지키도록 난간을 설치하였는데

그 난간에 줄줄이, 알알이 사람들이 각자의 마음을
메달았다
혹은 백팔 염주로
혹은 알록달록 복주머니로
혹은 까만 알갱이로 꿰어 만든 단주로

누구는 받으러 가고
누구는 버리러 가고

하늘은 거기에 빗방울을 매달았다
나는 그곳에 눈길을 걸어 두었다

사리암 가는 길 7

절집을 찾아 법당의 부처님을 알현하며 오간 문답이 있다

오느라 땀을 제법 흘렸으니
땀값은 좀 건졌느냐

땀은 내가 흘렸는데, 그 값을 쳐주지는 않을망정
도로 날 더러 건졌느냐고 묻는다

나뭇등걸이거나 바윗돌이거나 기껏해야 종이일 뿐인
나를 보러 오진 않았을 테고

가을비 싸늘함을 무색하게 흘린 땀값
죄다 받지는 못하더라도
한 푼도 건지지 못한대서야

땀이 식으면서 가을비와 어울려 온몸에 한기가 돈다

사리암 가는 길 8

가을비가 가늘게 흩날리며 뿌연 장막을 치고 눈앞을
막아 멀리 아래 풍경이 모조리 감춰지고, 아무것도
보이지 않는다

맑은 날 햇볕이 청명하였다면
멀리 굽이치는 산줄기
그에 의지하여 살아가는 온갖 것들
그리고 나 자신도
한 덩어리가 되어 아름답게 도열했으리라

가을비는 계속 가늘게 흩날리니, 언제 개어 저 멋진
풍광을 보여 줄 것인가
아쉬움을 뒤로하고 절을 등지려 하는데

이놈아, 땀값은 좀 건졌느냐
난데없이 땀값 타령하며 온몸의 감각을 들추는 소리
뿌연 안개 속 메아리는 무슨 연유냐

사리암 가는 길 9

가을비에 산안개가 자욱하여 천막을 친 듯하더니

이윽고 안개의 천막 안에 내 몸뚱이가 둥둥 떠다닌다, 바람이 불면 부는 대로 떠돈다, 허공에 걸린 번처럼 나부낀다, 손발로 이것저것 잡아도 소용없다, 모든 게 내게서 벗어나 있다, 저게 나인가

댕그랑, 한 소리 풍경이 울고
문득 눈을 뜨니
빙긋 웃으시는 모습

곧 날이 저물지도 모르니 내려가라 재촉하는 듯
땀값은 내려가서 찾으라 하는 듯

사리암 가는 길 10

내려가는 길이 올라가는 길보다 쉽다고 말하지 마라, 올랐으면 꼭 내려야 하는 것이 삶의 이치려니, 싸늘한 빗속이라면 더욱 주의할 일, 그러니 어찌 내리막이 쉽다고 할 것이냐

젖은 산안개를 머리에 이고
가늘게 추적거리는 가을비를 등에 지고
발하나 겨우 디딜 너비의 계단을 밟아
팍팍한 다리를 끌며 조심히 내려오는 중

이놈아 삿된 걸 버리랬더니 더 무거워 보이는 발걸음은 무슨 이유냐
멀어지는 천수경 독송 소리가 천둥처럼 떨친다

조화로움이란

명절을 지나고 명절 나물을 차렸다

콩나물, 도라지, 무우, 고사리, 그리고 시금치
다섯 가지만 버무려도 맛이 다르다

버무림의 비밀

바닷물이 모든 것을 받아들여 한 맛으로 거듭나듯
다섯 나물이 섞여 비밀을 쌓았다

붓다는 버무리기를 깨면 무간지옥에 가리라 하셨다

전을 부치며

내일이 명절이라 전을 부쳤겠다

이런저런 재료들을 섞어 묽은 반죽을 만들고
타는 듯 달궈진 프라이팬 위에서 지글거리는 식용유
털푸덕 묽은 반죽 한 국자를 그 위에 부었겠다

촤~ 촤~ 촤~

고통스러울수록 청정해지는 수행자의 길
익어가는 전이 지글거리는 기름 위에서 증명하니
부끄러움이 몰려오고

의문의 일 패

혹여 기름이라도 튈까
저어하는 마음이 사치스러운 때
관 밖으로 내보인 붓다의 발에 시커멓게 물집이 잡혔다

조왕신에게 올림

어떤 거들먹거리기 좋아하는 선사가 당신의 집을 부숴버린 후, 집조차 잃고 유랑하셨더이다. 가난을 조석 삼아, 고독을 벗 삼아 그냥 눌러있던 터에, 저 못된 선사가 잘난 체하며 털 난 지붕마저 뭉개버렸습니다

훠어이, 훠어이

몽매한 노파가 간절하게 주던 찬물 한 그릇
오늘따라 그게 어찌 그리 그리운지요
눈물이 나서 미칠 지경입니다

모질게 맘먹고
모진 걸음으로
미쳐가는 나를 붙잡으려 합니다

어느덧 산거름 타고 한 줄기 연기가 오릅니다
저 연기 그치면
굴뚝으로 들어가 주린 오늘을 되씹어 보겠습니다

날숨 들숨

언제나 돌아올까
학다리 짚고 목을 빼다
아차, 저거 안 돌아오면
이미 죽은 목숨

언제나 돌아갈까
가슴 죄며 도리질하다
오잇, 저거 안 돌아가면
이미 죽은 목숨

가벼워라, 깃털보다 더
악착같이 부여잡은 내 목숨이여
그거 놓는 날에 축전을 열자
날숨도 들숨도 수고로웠음을 위로하리라

낙지볶음

그때는 이미 흘러갔다
낙짓집 낙지볶음비빔밥

흘러간 것은 지금 없고
나는 노화가 많이 진행되어 몸 곳곳이 삐걱거린다

노을은 중천을 이야기하고
중천은 동녘의 짠물을 들먹거리고

그렇게 저물어 가는 하루의 복기

귀밑털이 하얀 이유를 아무리 뒤져도 못 찾고
그만 허기가 진다

이미 없는 것에 대한 미련은 어리석은 탓

그대, 나, 그리고 우리

수미산 자락에 바늘을 꽂아라
뾰족한 끝이 하늘로 향하도록

수미산 꼭대기 도리천궁에서 겨자 한 알을 던져라
바늘 끝에 꽂힐 수 있도록

그대가 사람으로 태어나고
내가 사람으로 태어나고
우리가 사람으로 태어날 확률이다

나를 보아라
그대를 보리니
우리 함께 서로를 마주 보자꾸나

끔찍이도 귀한 그대, 나, 그리고 우리
다시 마주 보아라
눈물이 거듭거듭 쏟아져 겹치고 겹치도록

그림자에게

한 천 년은 좋이 살리라

하루살이 고백이 시끄러울 즈음
서녘에 해거름이 사뭇 사납다

저기 멀어져 가는 천 년의 세월
훨훨 산 넘어 간다

이윽고 산꼭대기에 해거름 걸리고
하루살이 이마에 그늘이 짙을 즈음

어, 어느새 천 년이 흘렀나

옷 갈아입기

두려워하지 마라
옷 갈아입는 것이 두려울 리야

죽음이란 약간 벅찬 옷 갈아입기에 지나지 않는 것
오래 입어 때 묻고 낡은 옷을 벗어 던져라

다음 삶은 이번보다는 더 좋으리
새로 맞춰 입은 옷이 더 번듯하듯

희망은 어디에서나 지금과 다를 게 없다
새 옷은 어디서도 입을 수 있잖은가

고물이 된 자(尺)

한생을 살아오며 다듬었거늘
날이 갈수록 엉터리가 되어 간다

몸체가 뒤틀리고
눈금이 흐려지고
갓이 거칠어지고
끝이 휘어지고

많은 것을 쟀었는데
많이도 자르고, 찢고, 깎고, 깨뜨렸는데

이맘때에 이르러 업이 되었다
다리에서 시작하여, 척추를 굽이돌아, 어깨까지 들먹
거리며, 숨차게 후들거리는 업이 되었다

한 푼의 미련만 얹어도
신음조차 버거울 것 같다

현상과 징조

어깻죽지가 아프다
늦깎이 오십견을 육십 대에 한다고
방정이 방정스럽다

모든 아픔이 그렇듯
늦깎이 오십견인들 그냥일 리야

품을 지불해야 양보를 할 모양이다
하기야 두 그루 사라나무 사이에서 붓다는 얼마나 아
팠던가
북으로 향한 니사단이 흠뻑 젖었다고

전설이 몸서리를 친다
무지한 다섯 뭉치가 늘 그렇듯 말씽인 거지

코다리에게

금강경 독송 소리 드높은 곳
열 지어 줄지어 헤엄질이다

조류가 그윽이 쏠리면
부레의 저울질에 맞춰 지느러미가 춤을 추지

독송 소리가 더욱 높아진다
머물지 말고 마음을 내렴

한겨울 찬 바람에 해변이 들썩거리는 사이
꾸득꾸득하게 굳어가는 신명(身命)

머물지 않은 마음이 향기롭다

자치기의 추억

살짝 들어 올려 때려 보아라

시간이 맞아야 한다
호흡이 맞아야 한다
힘이 알맞아야 한다

무엇보다 중요한 것
숙달이다
머리로 백날 해 봐라 잘되나

머리는 몸으로 익히며 같이 써라

허구한 날
선방에서 선을 죽이는 벗이여
자치기 놀이를 하자

어릴 적 날이 어둑해질 때까지 논밭을 누비던 그
아름답던 모습을 기억하며 자치기 놀이를 하자

굽은 길

세상살이의 슬기가 모이면 길이 된다

단단한 것과 부딪히지 마라
네가 깨어진다
차라리 돌아가라

돌아가는 것
세상살이에서 얻어진 커다란 슬기

길은 돌아가도록 굽어있다

어떤 역할

꼴은 비루해도 뜻은 헌앙하였다
저 무리가 활개 치기 전까지는

저 무리가 활개를 치고부터
세상의 걱정거리가 되고 말았다

부끄러움은 왜 언제나 나의 몫인가

삼베 자락 한 꺼풀 벗겨 싸움을 걸면
붓다의 거무튀튀한 얼굴이 대추보다 붉다

남 보기

남은 자기의 눈에 비치는 대로 본다
헛된 자기에게 투영된 남

그 투영물도 헛된 것일 뿐
참일 리 없다

그 헛된 남을 놓고 헛된 자신과 맞춘다
그러고는 틀리네 맞네 아우성이다

둘 다 헛된 것
세상 모든 아픔이 시작되는 샘이다

자기 보기

사람은 자기를 보지 못한다

보이는 자기는 거울이나 물, 남의 눈동자에 비춰진
상일 뿐
그 비친 상들은 헛것이다

헛것을 보며 자기를 만들어 간다
그렇게 만들어진 자기는 여하한 경우에도 헛것일 뿐
참이 아니다

참이 아닌 자기를 가지고 죽기 살기로 사랑한다

세상의 모든 고통
헛된 자기를 사랑하는 데서 시작한다

갱목

기억이 시커멓다

그 지새운 세월이 얼마이더냐
지독한 아픔을 쌓아 올린 멍들의 염원

삶이 소졸하더라도
뜻하는 것은 있지 않더냐

두억시니처럼 멋대로 잇대는 처절한 희생을 깔고 억
세게 이어온 두서없는 그리움

시커먼 몸뚱이로 떠받쳤지만
흰 속내가 아직은 절절하여

사라나무 아래서 내보인 두 발이여

거짓말 잔치

색이 공과 다르지 않고
공이 색과 다르지 않고
색이 곧 공이요
공이 곧 색이요

날마다 우렁차게 외는 노랫소리

사바와 열반이 다르지 않고
번뇌와 보리가 다르지 않고
지극한 도는 쉬운데
간택만 하지 않으면 되는데

그런데 웬걸
아무도 해우소에서 공양하라고 말하지 않았다

누더기

한 세상 지겹도록 서러웠나 보다
그러니 저리도 피고름을 많이 흘리는 게지

무덤이 줄지어 열 지어 있는 사이
파리 떼 춤추는 나래 아래
희끄무레하게 울리는 저 흐느낌을 만져보아라

손끝에 전해지는 짜릿함

억년을 그렇게 살고도
또 그렇게 살았던 시간의 비명이리

어떤 유언

무덤과 무덤 사이
한 치를 비집고 우주가 들어앉았다

나무 아래
갓 베어 싱싱한 풀 몇 가닥
질끈 깔고 새벽을 노려보는 눈동자

몸살이다

어둑한 여명이 가슴을 치고 우는 때
샛별에 기댄 넋두리 한 줄금

내 눈에 곧 흙이 들어가리니
온 곳을 모르듯
가는 곳 또한 묻지 말아라

그건 아니지

누구네 절집 해우소에는 금이 나오고
누구네 절집 해우소에는 은이 나온다는데

누구네 절집 해우소에는 똥이 나온다

붓다께서는 말씀하시기를
너도, 나도, 그대도 평등하다 하였거늘

무슨 까닭에 그게 2,600년하고도 한참 더 지나
동방의 해동, 해우소에서 뒤집어지나

알고 보니, 모르고 보니
해우소에도 금맥이 터진다, 은맥이 터진다

어느 눈먼 이에게는
이도 저도 모두 붓다의 아들
붓다는, 그렇게 눈멀게 왔다

옥외나한전

전에는 높은 데서 내려다보기만 하다가
그새 돈이 좀 모인 건가
돌벽까지 높이 둘렀겠다

너네는 하루살이
이 몸은 천년살이

하루든 천년이든
앞만 보면 그저 한 찰나일 뿐

높은 데서 떨어지면 다 깨지고
이 몸은 다 깨지고
낮은 데서 떨어지면 누우면 그만
너네는 누운 데서 다시 일어나라

서해 찬 바람 맞으며 사진 한 장 찍었겠다
천년이 휘청거리겠다

나아가기

욕 한마디라도 줄이자고 했다
미쳐 잠이 덜 깬 겨울 침대를 빠져나오며 한 다짐

곧장 화장실로 가 채 잠이 덜 깬 다리로 서서 밤새 채
운 오줌을 누다 한 방울 튄 것으로 문득 튀어나오는 욕
한마디
어제보다 좀 더 거칠다

말은 더욱 어둔해지는데
어깨 욕은 더 차지나

참, 어렵다
어제보다 오늘
욕 한마디 줄이는 것이

어제보다 나은 오늘이란 한갓 신화던가
붓다의 맨발이 삼아승기겁 동안 헤맨 이유

등짐 봇짐

눈앞이 뿌옇게 흐려지거든
세월이 드라이아이스가 되었다 해라

걷다 허리가 무거워지거든
저기 굽어 선 장승이 업혔다 해라

봇짐이든
등짐이든

남이 대신 져주지 않는 거지
내가 직접 져야 하는 거지

일주문 문턱은 아무래도 높아서
나명들명 언제나 무거운 갑지

욕이란

속이 다 시원하다
부글거리는 것을 내뱉은 까닭

속은 소화하고
겉은 내보이는
둘은 짝꿍인데
짝꿍이 서로 어긋나니 끓는 거지

일상이 늘 편안하기를
어차피 골라온 삶이라면
고른 이유가 있을 터

세상은 수많은 이유들이 부딪치며 세찬 소용돌이를
일으키는 곳
자칫 말려 빠지면 끝장인 물살

욕은, 이런 세상의 물살 속에서 나의 이유를 지키며
남의 이유를 들추는 소화제
알, 맞도록

일상 1

눈을 나지막이 뜬다

혹 몰래 스쳐 가는 바람 한 줄기
인상스러운 일이라도 외면하지 않기를

삐뚜름히 엇박으로 가른 다리 사이
잊혀지는 것들

외면하지 않기로 한 약속들이 쓰러진다
꾸깃꾸깃 욱여넣은 꼰 다리 탓

어지럽거든
어지럽거든

아승기겁을 지나서 갚는다 하오

일상 2

이 나이쯤 되면
먹는 거 입는 거 자는 거쯤
가릴 줄 알아야지

꼭 붓다의 가르침이 아니라도
몸에 맞게
마음에도 맞게

지나치게 기름진 음식으로
너무 많이 먹었던 거겠지
예불시간에 절하기도 벅차게 속이 불편

배고프면 입 벌리고
잠 오면 눈 감는 일
그것참 어려운 일
새삼 고개를 주억거리며 되새김한다

파를 다듬다

흙이 잔뜩 묻었을 때
물건이 되랴 했더니만
흙 털고 잔뿌리 자르고 마른 잎 다듬었더니
그 참, 그것참
그럴듯하구마는

왜 진작 몰랐을까
한낱 파도 저러한데
내게도 저럴 기회가 있음을
털고 자르고 다듬으면
내게도 저런 멋이 숨었을 것이구마는

세상의 이치가 다 저런 거지
그저 몰랐을 뿐이구마는

경전

온몸으로 증명하였네
삼아승기겁의 세월을 지새우며 파헤친 말씀

가슴을 옥죄는 감옥이란 걸
머리가 어그러지는 짐이라는 걸
사지육신 꼼짝 못 하게 묶는 포승이란 걸
가는 숨결, 작은 눈물에도 녹는다는 걸
질펀한 욕지기가 쌓인 펄이라는 걸

천지사방 어디에도 막힘이 없는 곳
그런 곳에 욕망의 집을 지어
허옇게 뒤집힌 말씀을 떠메고
안으로 들어간다

철컹, 자물쇠를 채운다

고통의 신화

발은 저리고 머리는 흔들리고 몸은 뒤틀리고 팔다리는 건들거리고

독사에 물렸거나
독가시에 찔렸거나
독버섯을 먹었거나

고통은 언제나 네 몫이다
내게 생긴 아픔이거늘
네게 몫을 매긴다
질끈 낫살이 들었거나

무시무종

붓다여, 목이 메이도록 부르다 마침내 두 그루 사라나무 아래 몸을 누이고 말았습니다, 뜨거운 불에 몸을 다 태우고도 차마 버리지 못한 저 어리석은 중생들

가슴 한가운데 영취산 자락 떼까마귀들이 그악히 울어 댄다

윤장대

저걸 돌리면 경전을 읽는 것과 같다

야바위꾼은 현란한 손짓으로 속이고
박보수는 장기판 네모진 눈금으로 속이듯

욕망은 허수아비와 대화하며 속인다

낡은 종이 위
성근 먹물이 포자를 날리면

코맹맹이 바람이 욕망 따라 돌고
윤장대에 이끌려 허수아비도 돈다

헛짓, 헛짓 구호도 드높다

심검당에서

무성한 풀은 낫으로 베고
제멋으로 자란 김은 호미로 다스린다

스님의 수행처를 심검당이라 하는 이유

늘 벼린 칼 삼아 자신을 베고
항상 제멋의 자 삼아 남을 다스린다

어리석은 중생이 세상 살아가는 방식

나는 얼마나 우거진 풀밭을 안고
지금 여기에 서 있던가

한밤의 매미 소리

무더움에 잠 못 들어 뒤척이는데
매미 소리는 더욱 극성이다

저놈들까지
욱욱거리는 마음

그래도 칠 년이나 기다린 시간이 담겼으니 오죽하랴
달래도 보고

너무 밝은 도회의 불빛 때문
변명도 해 주고

엇, 번쩍 깨니
언제 잠들었을까
저놈 이해하다 내가 먼저 이해당했나

큰법당 쇠 돌쩌귀

큰법당 정문에 아주 굵은 쇠로 돌쩌귀를 달았다

문을 열기는커녕
돌쩌귀조차 들리지 않는다
저리 무거운 것을

돌쩌귀가 문에 걸렸나
문이 돌쩌귀에 묶였나

법회 하러 오시는 스님네들도 옆문 이용 중

저걸 열어야 하는데
번쩍, 눈을 뜨니, 그게 또 아득한 꿈이었고

더위 먹기

작은 불알 안 잃어버렸니
아득한 어머니 말씀

이미 이십 년 너머
딴 세상살이에 익숙해졌으련만

무더위에 가위눌려 헉헉대는 가슴 위에 억센 손바닥
이 살풋 놓이면

발가벗고 들녘으로 산으로 뛰어다니던 시절이 저만
치에서 꿈뻑거리며 아는 체로 손짓한다

더위를 먹어서 힘이 빠졌을 때
특효약은 어머니의 손길

낫살 먹고
더 그립다
나는 영원히 모자라는 중생인갑다

이발을 하고서

모기 소리만 한 기계음 아래로 쓱싹쓱싹 머리카락이
날리지

세상 고민 다 짊어진 듯
어둠 속을 헤맨 열매가 떨어지는 것

저리 가벼운 것을
얹고 다닐 땐 어이 그리 무거웠나

이윽고 일어서는데
뜻 모를 언어가 가닥가닥 날린다

그의 자리

길거리, 무덤가, 시체 더미에서 주워 올린 베 조각들을 마구 처대어 만든 얇은 포단이 전부였다
그의 자리
가부좌를 틀고 앉았노라면
뱀, 지네, 바퀴벌레, 거머리가 스멀스멀 동참했지

그래도 천 리, 만 리 걸어 다닌 탓에 늘 부르튼 채 피를 흘리던 발에는 그보다 더 큰 위로가 없었다

지금 화려한 연꽃보좌에 덩그러니 앉은, 저 넋 나간 덩치가 그일 리 없다
웃어도 웃는 게 아닌 저 입술을 보라
매달린 게 사형수의 넋두리가 아니냐

얇은 포단에 가득했던
따사로운 위로는 어디

경 읽기

소 귀에 경 읽기
개 귀에 경 읽기

지렁이에게도 귀가 있을까
그 귀에도 경이 들릴까

붓다께서는 지극한 사랑으로 저들 모두에게 곡진하
게 말씀하셨는데

사람 귀에 경 읽기
제일 버겁다

집 짓기

기둥을 세우고
서까래를 놓아
이엉을 얹은 다음
기둥 사이 문틀을 박고서
문을 달고
벽에 흙을 바른 후
이윽고 방 안에 들어가 누우니

세상이 모두 같이 누웠다

지는 연꽃

연꽃이 지고 있다

피었으니 지는 것은 당연하다
그러니 진다고 애달아 마라

진들 아주 질까
또 피겠지

그러니 핀다고 좋아하지 마라
또 지겠지

피었으니 지고
졌으니 핀다

끝없는 순환
이 찰나의 변두리에 묶인 나의 자리라

나뭇가지의 신호

무더위가 기승을 부리며 장막을 쳤다지만

저 감나무 가지를 보아
슬그머니 잎을 쳐들고 흔드는데
제법 묵직해진 것 같어

그리고 이렇게 말하는 듯해

잘 봐
저 무더위의 험상궂음이 없었다면
이 가지가 결코 묵직해지지 않았을 거야

어느 날 불그레한 감을 건네주거든
기억해 주렴, 이 무더위의 선물이란 걸

그대 얼굴에 내 얼굴이 있다

삼세의 겁보다 길었나
기억은 아스라하다
꺼낼 기억의 창고가 비어가고 있는 탓
비례하여, 마주 보기 버겁다
보이지 않던 내가 그대에게 겹치기 때문

마냥 지나왔던 그 모든 것들
돌이켜 보니 무엇 하나 허투루 보낸 적 없는데
왜일까
그대에게 내가 겹치고 있는 이 혼몽

삶은 기적의 연속이다
그리고 기적이란 극미한 것들의 누적이고
그렇게 내가 네게 겹친다
그러니 버겁더라도, 내쫓지 마라

자신을 맞추세요

네모난 것이 둥그런 것에게 불평합니다
좀 맞춰라
둥그런 것이 네모난 것에게 불평합니다
좀 맞춰라

네모난 것도 둥그런 것도
제 모양 때문에 맞지 않음을 알지 못합니다
알아도 고칠 줄 모릅니다

붓다께서는 양 끝을 버리고 중도에 머물 것을 가르치셨는데요

네모난 것이 둥그런 것에 맞추고
둥그런 것이 네모난 것에 맞추어
조화로운 것이 중도입니다

붓다는 멀리에 계시지 않으며
이천칠백 년 전에 열반하지 않으셨으며
바로 우리 옆에 계십니다

악마구리의 세계에서
조화로운 당신이 붓다입니다

비 오는 새벽에

이놈의 감정을 따로따로 떼어놓기 연습은 늘 실패다
감정에 휘둘리지 않아야 높은 수행력의 증거라기에
감정을 다잡아 보려는데

새벽녘에 난간을 치는 빗방울 속에도 격하게 감정이
튀는 줄 미처 몰랐다

새벽 어스름이 두드린 탓
다가올 밝음이 어둠을 걷어낸 탓

탓을 탓하다 멍들어 가더라도
수행자는 실패에 익숙하게 살아내는 새벽녘의 빛이다

화분에 심은 주목

각자에겐 제게 맞는 자리가 있다
그 자리를 벗어나면 제 모습을 잃지

15년은 거뜬히 지났을 과거 어느 날, 지리산 자락에서 작은 주목 한 그루 사다 화분에 심어 햇볕 잘 드는 창가에 두었다

어찌 되었나
아직 화분 속에서 그럭저럭 살고 있다
그냥 살아내기 힘든 모습

지리산 자락에 그대로 남았을 친구들은 아마도 지금쯤 우람하게 자랐을 것이다, 상상이긴 하지만, 지리산이 주는 모든 것을 흠뻑 받으며 컸을 것이다

지리산 주목이 지리산을 벗어나 화분에 심었더니 화분 속 주목이 되었다
볼품이 으깨진

유언의 용도

죽은 자는 산 자의 삶에 끼어들지 마라
남은 자가 그대의 용품은 아니니
죽어가면서까지 산 자에게 이러쿵저러쿵 길을 놓지
마라
산 자에게는 자신의 길이 있으니
살아서도 제 길 가는데
죽은 자가 놓는 길에 새삼 길들랴
그러니 죽는 자여
아는 체 오도송도 남기지 마라
왔으나 오지 않은 듯 가라

붓다의 가장 큰 실수가 죽으며 놓은 길이라는 걸,
붓다는 죽고서야 알았으리라

할 일을 하면

한밤이라 이름 지은 것은 인간일 뿐,
매미에겐 너무나 생생한 시간이다

저 넘실거리며 도회를 가득 채운 교향악을 들어 보아라
저게 어디 한밤이란 이름으로 덮어질 것 같으냐

잠 못 드는 것은 한낱 인간일 뿐
멋대로 한밤이라 이름 짓고 잠들고자 하는 게으른 오
만일 뿐

아서라, 저리도 부지런한 매미의 절절한 노래를 타박
하느니
차라리 그대의 밤을 올곧이 지새라

깨끗함의 의미

붓다의 제자들 중에 쭐라빤따까라는 성인이 있다

머리가 무지하게 나빠서 도무지 가르침을 이해하고 실행할 수 없었다, 형 마하빤따까가 실망하여 문중에서 내쫓았다, 문밖에 서서 울고 있는데, 붓다께서 말씀하셨다

왜 울고 있느냐
몰라서 물으셨으랴

걸레를 주고 주변의 더러운 것들을 닦아 내도록 가르치셨다

수천수만 개의 걸레가 너덜해질 즈음
바보 쭐라빤따까는 성인이 되었다

깨끗함은 이렇도록 수천수만 개의 걸레가 만들어지고서야 비로소 이루어졌다

쫄라여
그대는 성인이 되기 전에 먼저 저렇게 쌓인 걸레 더미에 경배하였는가

가고 옴의 차이

보게나
그대는 지금도 죽어가고 있다

죽음 너머
그 미지의 세계에 대하여
일말의 동경도 없이
그저 모르는 것에 꿰여 끌려가고 있다

그 암흑의 과정에서
그 억지의 길에서
그대는 쉼 없이 고통스러워한다

그런데 그대여
올 때는 어땠는지 기억하는가
상서로움과 영광스러움, 아름다움 같은 것들이 가득
하리라 기대하였는가

지금 그대는 가고 있으나
돌아보면 그대는 오고 있는 것

오는 길에 기대한 것들이 가는 길에 기대하고
가는 길에 기대한 것들이 오는 길에 기대하면

보게나
그대는 지금 살아가고 있지 않은가

만남과 이별 사이

만남은 슬그머니 이루어지지만
헤어짐은 격렬한 결정으로 이루어진다
우리의 맺음과 끊음은 대개 이러하여, 익숙한 세계와의 이별, 그리고 새로운 세계로의 나아감은 늘 망설임의 연속이다

그 간극에 서서, 오락가락하다 보면, 저만치에 이미 전혀 다른 모습이 물구나무서기를 한다, 마치 연극이라도 하듯
그렇게 생이 오고 가고, 또 반복하고

망설임은 우리의 숙명인 거다

연꽃을 보다

한 알의 열매에서 시작했으리라
한 알이 몇 알이 되고
몇 알이 헤아릴 수 없는 알이 되었으리라

싹 트고, 대공 내고, 꽃 피우고, 열매 맺는, 지극히 험난했던 작업의 시간

그 사이를 또 헤아릴 수 없는 시간이 지나가고, 해와 달, 바람과 구름과 비와 외로움이 공을 보탰으리라

넓은 연못이 가득하여 빈 곳이 없어졌을 때, 오히려 숨결이 돋보이는 색깔의 향연

어느덧 합작의 시간이 저만치 가고 있다

이름을 걸고

혹은 살아가는 중에
혹은 살아오는 동안
이름을 걸고 수많은 일을 해오지 않았나

직장에서 결재서류에 서명하고
글을 쓰고 책을 내고 계약에 날인하고
말하고 욕하고 댓글 달고

헤아릴 수 없는 일들에 이름을 걸어 오지 않았나

그리고 그렇게 남긴 수많은 이름들에 무엇을 담았나
나의 위치 힘 앎
가장 최고로 영혼

돌이켜 보면 한갓 낡아먹기에 지나지 않았다
허연 머리카락에 흰 수염
일그러진 볼에 실타래처럼 엉킨 주름
엉거주춤해진 허리
휘청거리는 팔과 다리
손가락 끝은 등 가장자리조차 닿지 못하고

아직도 이름을 걸고 허덕인다
영가단에 도열한 위패들의 오와 열을 보노라면
오호라, 죽어서도 이름에서 벗어나지 못한다

생전예수재

생각과 말과 행동을 깨끗이 하라
그러면 극락에 들고
끝끝내 성불하리라
맨발이 부르트도록 가르치셨는데

무엇이 부족해서 또 닦음을 미리 예금한답시고 재를
지낸다 법석일까

그것도 칠칠히 사십구일간이나

지상에 예금한 돈이라면
예금처가 파산할 때 예금자보호제도로 사회가 일부
갚아 주기라도 하지

생전예수재로 하는 예수는 받아주는 사회도 없다
파산하면 어쩌나
누가 대신 갚아 주나

의심하지 마라
입술에 침이라도 바르라지
어느 이웃은 죄를 사해준다고 종이쪼가리를 줬다더라

건방진 똥덩어리가 될지언정
점쟁이는 어떻니
적어도 그들은 정직하잖아

독이 되는 것들

그리움이 독이라는 것
삼척동자라도 안다

비가 내리고
매미가 비를 맞으며 노래한다

그 옛날 궁성의 담장 아래
비를 맞으며 거닐던 고백

저놈의 매미가 또 고백한다
늘 기억하도록

그리움이 독이 되지 않도록
매미의 날개 자락이 아릿하다

콘칩을 먹다

그건 절규일 수 있다
아니 확실히 절규다
콘칩이 입 속에서 바스러지는 소리

온몸으로 부르짖는 저 소리가 절규가 아니면 무엇이랴

늘 생사의 갈림 선에서 두 발을 걸치고 살아가는 내게
콘칩의 바스러지는 소리는 예사롭지 않다
삶을 어찌해야 할지 알려주는 메신저의 외침 같은

한순간이라도 틈을 보일 수 없다
저 경고음
콘칩이 온몸으로 외치지 않는가

말의 값을 깎지 마라

실컷 말하고 언어도단이란다
말의 노예란다

차라리 저 말 못 하는 짐승이 낫고
아예 생각도 못 하는 돌이 나은가

부처님은 가르칠 때 말을 모욕한 적이 없으셨다
삼처전심이 어찌 말을 모욕하는 도구가 되었나

얼뜨기가 잘난 체하려니 말이 궁하고
해서 말의 값을 깎아내려 마침내 짐승으로 내려앉는 것

위선 떨지 마라
말이 워낙에 소중하니 말을 높이 새겨 어긋나지 마라, 말에 매이지 마라

부처를 팔아 말의 값을 깎는 짓은 천박함의 징표일 뿐이니

사찰 음식

사람이 괴로움에 빠지는 것은 탐욕 때문이고
그래서 탐욕을 버리도록 가르치셨는데

오늘날에 이르러 탐욕을 장려하며 수행이란다
부처님께서 열반에서 벌떡 일어나실 일

말로써 탐욕을 버리는 게 수행이라면서, 같은 입으로
맛을 탐하는 것은 또 무어냐

걸식하시던 붓다의 발우가 깨졌다
간신히 얻은 약간의 음식이 줄줄 샌다

오늘의 일이 이천칠백 년 이전으로 거슬러 올라 붓다
의 부르튼 발을 짓밟는 중

까마귀 우는 뜻은

서울 어디엔가 영취산이 있나 보다
빌딩 숲 사이로 까마귀 울음소리가 서럽다

살아 가난을 업으로 삼았다가
죽어 남루(襤褸)에 매달렸노라
업의 굴레가 수미산보다 높은 곳

붓다께서 위로의 말씀을 은하수처럼 드리우시니

까마귀 울음, 저 서러운 소리
서울 어느 곳엔가 영취산을 옮겨 왔다

붓다도 같이 왔다

끝전

이거도 챙기셔야지요
놔둬요, 나중에 한꺼번에 계산하지 뭐

물건을 사고 손과 주인이 주고받은 말
몇 원의 우수리를 두고 줄다리기다

그럼 그럴까요
주인이 말하자 쿨하게 돌아서는 손

손의 손에 들린 까만색 비닐봉지가 은밀하다

붓다를 놓아라

그리도 잡고 싶더냐
큰법당에 가 보아라
돌덩어리, 나뭇등걸이 비시시 웃으며 앉았을 것이다

큰절이라도 올리려나
간절함이 넘쳐흘러 큰법당 안이 흠씬 젖도록
그래도 가시지 않는 아픔
자칭 의왕이라면서 이 아픔을 고치지 못하시니

절망이 천 길 높이 솟아오르고
오히려 망각의 편린이 눈처럼 날릴 때
네 죽기 살기로 잡았던 모든 것들
조각조각 날리는 붓다의 흔적

붓다를 잡고 싶거든 붓다를 놓아라

그 여름의 갈밭

갈이 무성하였다
꼿꼿이 서로 어깨를 걸고 하늘로 향하였다

둔치를 덮고 둔치의 속살을 덮고 둔치에서 오갔던 사연들도 모두 덮었다

아무것도 보이지 않으니 아무것도 없으리
그렇지 않았다
모든 것이 보이지 않는 가운데 가득하였다

겨울이 지나고서
엄혹한 시간이 담금질을 하고 나서
꼿꼿이 의지하며 당당하던 허리가 꺾이고서
비로소 모든 것이 적나라하였다

그 여름의 갈밭은 갈이 무성하다고 숨길 수 있는 것이 없음을 증거한다

너다 나다

달마는 왜 동으로 왔을까
셀 수 없이 많은 후손들이 선대의 뜻을 알고자 묻고
답한 주제

너는 나의 거울이다

오늘 새벽 예불 오신 분에게 인살 건넸더니
그분은 내게 합장으로 답했다

달마가 동으로 온 까닭
그 답의 한 자락을 엿보았다

간택

무덤을 잘 써야 자손 대대로 번창하렸다
지관의 눈이 지긋이 감기고
닦달은 양반일수록 심하렸다

이 한 몸 인연 따라 왔다가
인연이 다하여 가고 난 다음
이미 흩어진 인연에서 무엇이 남으랴

까짓 세포 조각에 깃든 육신의 흔적에 기대지 마라
너를 믿고
너를 의지하라

이천칠백 년 전에 이미 타 놓은 가르마 위에서 오히려 더 높이 미련을 올린다

저 높이 나부끼는 허상의 풍선
한 알의 좁쌀만도 못한

극락이 있는 곳

누가 말했나
극락이 천상에 있다고
때로 훌륭한 것 같아도 지독한 고정관념 때문일 수가 있다

아픔이 여기 있는데
극락이 하늘에 있으면 그 아픔은 언제 낫는가
여기 타는 듯한 아픔이 나아야 어디 극락이라도 갈 건가
그런 극락 무엇에 쓰나

하늘에 있는 것은 모두 좋다는 굳어진 생각으로 만들어진 극락
사바의 중생에겐 무용지물인 거다
사바의 중생에게 필요한 극락은 지금 사바에서 부닥친 지독한 아픔을 풀어내는 처방이다

의왕의 처방은 그렇게 쓰였다

나비의 비상

붓다의 밑그림이 읽힐 리야

지난한 여정을 거쳐
끝끝내 이루어낸 성취

하늘을 덮는 날개를 얻다

세상이 빛으로 잠기고
온갖 헛된 것들 빛의 물결에 휩쓸려 갈 때

오직 한 번의 날갯짓으로 붓다가 왔다

우화

붓다의 구도

가녀린 날갯짓으로 마지막 물방울을 털어낸 그 힘으로

세상이 새로 열린다면
오직 하나뿐인 종착을 향하여

의지가 겹겹이 덮인 껍질을 깨뜨리고
그 종착의 세상에 이르러
구도의 틀을 무너뜨린다

붓다의 웃음

누에고치

그 어떤 것도 그저 얻어질 리야
더욱 온전한 세상을 만듦에랴

알에서 깨어나 네 차례나 허물을 벗고 노랗게 익어
명주의 몸으로 변하기까지
어느 한순간이라도 소홀했으리
오, 그 거룩한 역사의 순간마다
붓다의 땀방울이 홍수였으리
오, 그 거룩한 생사의 순간마다
붓다의 의지가 불꽃이었으리

이윽고 누에는 고치 속에서 변태하였다
우주를 품었다

허물 벗기

새로운 세상은 공으로 얻어지지 않는다
지독한 앓이를 거쳐야 비로소 다가설 수 있는 곳

그런 아픔 너머
새로운 세상이 예비되어 있다
예비된 세상은 껍질을 벗기고 살을 저며 열탕에 삶는
수고 너머에 비로소 열린다

그러니 아픔에 대하여 어려워하지 마라, 피하지 마라,
열매가 땅으로 떨어지는 용기로 맞서라

붓다의 6년 고행이 곁을 지키리라

알 깨기

현미경으로도 겨우 보일락 말락 한 뽀송뽀송하고 가녀린 꼬물이지만

단단한 철갑 껍질을 깨고 새로운 한 세계를 열었으니
그 힘과 용기, 수고가 땅을 덮고 하늘에 닿았다

누가 너를 가녀리다 얕보랴
그 힘과 용기와 수고로 열어젖힌 새 세계가 모두 네 사자후에 숨죽이고 엎드렸거늘

너에 비해 수미산보다 더 큰 이 한 몸뚱이는 늘 그렇듯 미망의 수렁에서 허덕일 뿐이다

갱목

기억이 시커멓다

그 지새운 세월이 얼마이더냐
너무 아파 쌓인 멍들의 염원

삶이 소졸하더라도
뜻하는 것은 있지 않더냐

두억시니처럼 멋대로 잇대는 처절한 희생을 깔고 억씨게 이어온 두서없는 그리움

시커먼 몸뚱이로 떠받쳤지만
흰 속내가 아직은 절절하여

사라나무 아래서 내보인 두 발이여

봄을 맞는 억새

하늘이라도 받칠 수 있겠다

날카로운 기상으로 하늘을 향하였다
억누를 수 없는 기운이 대지 가득 넘실거렸다

날이 뜨거울수록 더욱 억세게 솟아올랐다, 까짓 태풍
쯤 서로 어깨를 걸고 이겨냈다

가을이 오고도 추상 같은 의지는 사라지지 않았다,
서리를 뒤집어쓰고도 오연했다

오, 어디로 갔나

겨울을 나고 봄을 맞으며 허리가 꺾였다, 구부러진
허리 아래 파릇한 싹이 막 솟을 즈음
그대는 한층 낮은 자세로 서 있구나

가을 매미

밤낮 가리지 않고 극성스럽게 울어 대던 매미가 어느 때부터 뜸하다. 아직 무더위가 기승이고 간헐적으로 폭우도 내리는데, 이놈들 어디서 꾀를 부리나

내 생각의 범위는 여기까지

매미는 이미 목청을 닫고 어디론가로 떠났다. 기나긴 여정을 위하여 길을 나섰다. 만물의 영장이라고 으쓱거리는 나만 모르는 그 길, 매미는 그 길로 갔다

생각의 틀 깨기

옳거니, 매미는 나의 여름과 다른 여름을 가지고 있었고, 그 다른 여름을 따라 떠난 것
목청 잃은 매미의 죽은 몸뚱이를 게으른 개미들이 찢고 있었다

산은 산이고

가만히 멈추어라
움직이지 마라

그대가 있는 그 자리가 그대로 깨달음의 자리

나는 오늘도 산속에서 산을 찾고 있다

물은 물이고

멈추지 마라
끊임없이 움직여라

네가 닿는 그곳이 바로 깨달음이 있는 곳

나는 오늘도 물속에서 물을 찾고 있다

발밑을 잘 보아라

매의 눈으로도 잘 보이지 않는 수많은 산 것들이 삶을 누리는 곳
발바닥 정도의 넓이면, 수억, 수천억의 삶이 죽어 나갈 수 있지

붓다의 장엄한 시험장이다

아차 하는 순간에 지옥행 열차를 타는 거다
변명은 없다
오직 책임져야 할 업의 무게뿐

걸음마다 그 업의 무게가 무거워지고 벗어날 길은 더욱 아득해지고
오호라, 성자는 술에 취했나 보다

산은 산, 물은 물

멎어도 멎은 것이 아니고
흘러도 흐르는 것이 아니고

움직여도 움직이는 것이 아니고
머물러도 머무는 것이 아니고

낫살이나 먹고서도 나이테 안에 갇혀 벗어나지 못한
다, 개미 쳇바퀴 돌듯 뱅뱅 돌다가

술보다 독한 것
삶은 언제나 중심에서 배신을 꿈꾸다, 늘 어긋난 길
위에서 비틀거리나

어떤 눈썹

왼쪽 눈썹 하나가 하얗게 센 채로 왼쪽으로 길게 향했고
다른 눈썹들은 흰색, 검은색, 갈색을 드러낸 채 엎드려 있다

영웅의 길

홀로 우뚝하여 다른 눈썹들을 다독이며 이끈다
바람이란 바람, 햇볕이란 햇볕
밖에서 몰려오는 온갖 풍상을 다 맞닥뜨린 채

이건 나누지 못한다는 선언

은은하게 울려 온 사방으로 메아리지는 저 온화로운
미소여, 깨달은 이의 강인함이 길게 선 것이리

세수를 할 때마다 거울이 흐뭇하다

이런 광경은

안양천 낮은 다리를 건너다 보면, 잉어들이 무리 지어 돌아다닌다

붓다의 환생

아주 큰 것이 맨 앞에서 천천히 깃을 흔들며 나아가고, 크고 작은 것들이 와글거리며 이리저리 흩어졌다 모이고 모였다 흩어지며 자유롭게 따른다

이천칠백 년 전 어느 날
기원정사의 이른 새벽 탁발이 이러했으리

오, 그리움이 사무칠 때면
모두 모두 와서 저 잉어들의 멋드러진 춤사위들을 보아라

일상이 일상으로 편안하도록

깨달음이란

소파에 등을 깊숙이 묻은 채 긴 숨을 쉰다
쉽지 않다
온몸을 들썩여야 가능하지

똑바로 가부좌를 한 채 긴 숨을 쉬어 보라
한결 수월하다
배가 일어나고 가라앉음으로 충분하지

각각의 행위에는 각각의 맞는 자세가 있다
각각의 존재에게 각각의 자리가 있는 것처럼

맞지 않으면 어렵고 불편한 거지
가운데서 어느 쪽으로 기운 탓

안락하려거든, 다시 가운데로 돌아가라
가운데서 돌아가신 붓다의 마지막 꿈

혼자라는 것

흐드러진 웃음이 넘치고, 시끄러운 말이 메아리지는,
한가운데
덩그러니 혼자 침묵이라면

최상의 깨달음이 빛나는 삼매에서 마악 벗어나 새벽
하늘을 바라보는 붓다의 얼굴이 눈부신 이유

그 유전자가 아직은 살아있다

도태의 시절은 언제나 아프고
무리의 아우성은 늘 긴박했어도

염불

원래는 지극한 노래였던가
가슴이 열리지 않으면 아무리 읽어도 꺽꺽거릴 뿐,
물처럼 흐르지 못한다

그래도 그만두지 마라
느리고 빠름은 있어도 쉼 없이 하다 보면, 언젠가 가
슴이 열릴 때가 있을 것

긴 호흡이 짧아지고
숨이 코끝에 걸릴 때쯤
너무 아파 차마 신음 소리마저 숨을 죽일 때쯤

오, 넘실거리는 파도가 일고, 파도를 타고 기쁨이 소용
돌이치며, 빼꼼 가슴이 웃겠지, 그러도록 석가모니불

빈방

이런저런 것들로 발 디딜 틈마저 없던 방을 말끔히 치웠더니, 휑한 것이 오히려 덜미를 당긴다

분답해서 치웠는데
빈 것에는 또 적응이 어렵다
분답이 또 그리워진다

늘 이렇게 반복이다

비웠다 채우고
비었다 차고

이 세상을 버릴 때라야 비로소 비울 수 있으려나, 아니다

붓다조차 다 버리지 못하였다는데, 내가 어찌

벽

벽을 치고 안팎을 나누다

벽 안에 살면서 밖을 찾아 헤매고
벽 밖에 나가서는 안을 찾아 헤맨다

벽은 평안을 나누는 경계다

벽 안에서 포근함과 편안함을 느끼고
벽 밖에서 춥고 덥고 두려움을 느낀다

벽은 자유와 구속의 가름막이다

벽 안에서는 밖으로 탈출하려 하고
벽 밖에서는 안으로 도피하려 한다

그래서 벽은 바로 나 자신이다

하나로 통한다는 것

강원도 정선 태백산을 업고 정암사가 있고, 그 절 대웅전 앞에 별로 크지 않은 주목 한 그루가 자라고, 그 주목에 근사한 전설이 있다
자장의 지팡이가 자랐다는 것

경상북도 영주군 태백산을 업고 부석사가 있고, 그 절 조사전 앞에 작은 주목 한 그루가 자라고, 그 주목에 근사한 전설이 있다
의상의 지팡이가 자랐다는 것

오호라, 손잡이가 반들반들하고 전체가 바싹 말랐을 지팡이에서, 이윽고 싹이 나고 자라서 주위를 장엄하며, 바람도 막아주고 그늘도 만들어 주는

저 큰 공덕
죽음에서 삶이 태어났음을 증거한다

전설 만들기

그대 여기 앉아 보라

약간의 생각에 바람과 햇살과 흙을 섞어 짓이겨 반죽
을 하고, 반죽을 조금씩 뜯어 돌에 발라 쌓으라
그리고 비와 눈과 번개, 그리고 천둥에 맡겨두라

시간이 뜯어 먹다, 뜯어 먹다
걸려 넘어가지 못한 것
이야기가 시작된다

그렇게 오늘이 남아 있다

한 마디의 길이

수미산 위에 티끌 하나 얹으면 수미산보다 높고
마리아나 해구에 바늘구멍 뚫으면 마리아나 해구보다 깊고

장하지 않은가
내게 있는 손가락 한 마디의 길이
손가락 끝에 한 방울 먹물을 묻혔더니 수미산과 나란해진다

나와 다른 것에 실컷 욕을 하고 돌아앉는 틈으로 슬그머니 스며드는 한 마디의 길이

그래도 잠시 후면 또 욕을 산더미처럼 할 일이다, 붓다는 종종 욕을 먹고 산다

뒷모습

우리는 언제나 이별한다
만났기 때문

언제나 이별하면서도
이별의 끝자락은 늘 아프고 쓰리고 슬프고 서럽다
아리게 후회되는 것

돌이킬 수 없기에 더욱 그러하다
만나지나 말 것을
작은 유혹에 이끌려 만났으나, 어리석은 일

만나고 이별하고
살아있는 우리는 늘 뒷모습만 기억한다

끝에서 얻는 것

죽음에 이르렀을 때 우린 무얼 얻을 수 있을까

인터넷 바둑실에 가면 많은 고수자들이 있고
그들이 그간 이루어온 승패의 기록들이 있다
놀라운 것은 그들 승패의 기록들이 각자에 따라 약간 차이는 있지만, 반반으로 수렴한다는 것이다
바둑의 판수가 클수록 수렴의 비중은 반반에 더욱 가깝다

그들 중 누구도 아무렇게나 바둑을 두지는 않았을 거다
간혹 어설프거나 헤프게 두었을 수 있지만, 대게 신중히 힘써 두었을 거다
그 결과가 이렇듯 반반이거나, 그에 수렴이다

그대나 내가 우리에게 맞닿는 것들에 최선을 다하면
얻을 수 있는 결과가 아니겠는가
최선을 다하였을 때
삐끗하면 승보다 패가 많아지는 거다
그러나 잠시 좀 더 지나면 또 반반으로 수렴할 것이다

우리의 삶이란 그런 거다

이름의 매력 1

어느 이른 가을날
안양천 둑방길, 산책로를 걷다 보면 숱한 종류의 꽃들이 형형색색 자태를 뽐낸다

그냥 보고 지나칠 때
아, 저런 게 있네 정도였더니

저거는 무슨 꽃, 이거는 무슨 꽃
이름을 알고부터는 다가가기도 하고, 손으로 만져보기도 하고, 코로 냄새를 맡아 보기도 하고, 꽃잎을 따 혀끝에 대보기도 하고, 무엇을 상징하는지 열심히 검색도 해본다

이름을 붙였더니 따라온 당기는 힘
나의 일상은 늘 이렇다

이름의 매력 2

포교사들이 모여 팔재계를 하는데
주의 사항으로 곡차를 마시지 말라는 조항이 있었다

곡차란 쌀이나 보리, 밀 같은 곡식으로 만든 차라는데
그냥 우리의 좋은 말로 술이 아니냐

예나 지금이나 수행에 지친 스님들이 육체의 고통과
정신의 피로를 위로하기 위하여 가끔, 정말 가끔 마
셨는데, 계율로 금지되었다 보니 곡차라고 이름 지어
계율을 피한 거다

정면으로 돌파하기 위해 수행에 들었는데
정면을 거스르기 위하여 이름을 바꾸었다

인간으로 내려오면 잃을 것이 많아서 인간으로 내려
오기 위해 뚫은 길
이름을 바꾸다

이름의 매력 3

붓다는 열반을 노래하며 중생의 괴로움을 씻어 주려 하였던가
중생들은 열반이라는 이름을 쫓아 수행이란 이름으로 괴로움 속에 뛰어들었다

전설에 의하면, 코끼리를 만진 소경들이 코끼리를 정의하기를 다리를 만진 이는 기둥 같다고 하고, 꼬리를 만진 이는 동아줄 같다고 하고, 배를 만진 이는 배 같다고 하고, 코를 만진 이는 파이프 같다고 하고

소경들은 각기 저가 만진 느낌과 생각으로 코끼리를 만들었다, 실은 뭐 같다고 비교한 그 무엇조차 알지 못하면서

중생, 중생이란 중생이 아니라 이름이 중생이라고 붓다가 말씀하셨다지
그러게 중생이라는 게지

오고 가는 이치

꽃 피면 오리라
잎이 다 지도록 오지 않는다

잎이 지면 가리라
꽃이 다 피도록 가지 않는다

누가 말했나
꽃 피고 잎 지는 것도 같은 것이고
오고 가는 것도 같은 거라고

같은 거야
그래서 오지도 않고 가지도 않는다는데

그놈의 꽃은 왜 그리도 모질게 피었다 지고
그놈의 잎은 또 왜 그리 아프게 졌다 돋는가

발우공양

지극한 마음을 담아 먹어야지
붓다의 온몸이 담겨있지 않은가
지극한 자세로 받들어야지
붓다의 팔십 생애가 담겨있거든

물러서지 마라
돌아앉지 마라
똑바로 앞을 향해 응시하라

붓다의 온몸이 산적처럼 꿰뚫려 피가 철철 흘러내려도 좋다, 티끌 하나라도 남김없이 먹어 치워라

이윽고 해우소에서 한 알의 찌꺼기도 남김없이 깨끗이 비워낼 수 있도록
청정해지도록

불로 태우는 것

백중이 끝나고 천도재를 위해 내걸었던 물품들을 태운다, 돈도 들이고 마음도 쏟아붓고 시간도 힘닿는 껏 넣었던 것들, 이제 재만 남을 것이다

시뻘건 불꽃이 이글거리며 심어주는 두려움과 건네주는 열기
저 힘으로 이 세상의 고통을 씻고, 저세상의 안락을 예약한다

오호라, 붓다께서는 태어날 때부터 삼계가 불에 타고 있다고 외치셨는데, 오늘날 후손들은 불로 안락을 구하는구나

아비지옥의 한끝에서 흐릿하게 울리는 흐느낌 소리, 붓다의 변명인 게지

낭비하지 않기

허상에 매달린 것은 아닌지
꼼꼼히 살피고 세밀하게 검증해야 할 일

정말 힘들게 얻은 사람 됨의 시간
헛되이 낭비해 버릴 수는 없다
어느 하세월에 또 한 번으로 사람으로 만날 수 있으랴

미래에 얼마나 많은 부처님께서 오시리까
헤아릴 수 없이 많은 부처가 오리로다
그럼 그때 가서 배우리다

과거에는 얼마나 많은 부처님께서 오셨습니까
헤아릴 수 없이 많은 부처가 왔었느니라

오호라, 그랬어도 여전히 이 모양, 이 꼴인 이유
낭비벽이 심한 탓
너무너무 귀한 기회를 헛되이 버린 징벌

조주의 전설

늙은 나잇살에 염불이 몸에 부치신가
불단의 부처님께 가래를 뱉으시니

오호라, 짬도 없이 남몰래 마셨던 명차들
모두 목구멍에 걸려 가글거렸던 게지

수좌가 대경하여 소리쳤는데
화상, 부처님께 가래를 뱉으시다니요
천하에 이런 불경이 어디에 있으리까

조주가 사과했네
그래도 큰스님 소리 듣는 터에 자존심이 좀 상하신
가, 소극적인 반항
수좌, 부처님 아니 계신 곳을 말씀해 주시게
그럼 내 그리고 가래를 뱉음세

수좌의 낯이 벌겋게 달아올랐네
낮술이 심하신 겐가
대낮 삼강주막이 얼큰허니

설명이 필요하다

백 세까지 사는 것을 이야기하는데
부처님과 제자들은 아직 살아계신다고 댓글을 달았더니
어떤 분이 의문표로 대댓글을 달았다

심중소구소망 원만성취지대원

삶이 어찌 육신뿐이랴
오히려 이름에 매달려 전전긍긍하는 경우가 더 많지
이름 살이가 더 좋다는데

이 앞에 한 방에 깨달음을 이룬다고 하지 마라
자존심이 너무 아프지 않으리
아프게 하고 깨달았다 생색내지 마라

오호라, 붓다의 이름으로 설명이 필요하다

거대 불상

높을수록 믿음이 더 깊으신가
누구의 가르치심이던가

얇은 누더기 니사단 한 겹 깔고 앉아 법을 설하시던
붓다
신족의 여의를 발휘하시고도 미치지 못하신가

오, 저 미친 허영이 산꼭대기까지 솟구쳐 올랐구나, 그
래도 부족하여 싯누런 연화좌대까지 높이 올렸구나

아서라, 차라리 잠이나 잘 일
믿음을 이야기하지 말자, 오늘에서랴

그저 그런 것

부처가 깨달음을 이루신 후 당신의 깨달음을 전하지
않고 홀로 열반에 들려 했던 이유
부처가 아함을 통하여 깨달음의 과정과 방법을 자세
하게 설한 이유

부처의 자리에서는 부처는 그저 그런 것
범부의 자리에서도 부처는 또 그저 그런 것

세수하다 코 만지기보다 쉬운 일이 깨달음을 이루는
일이라 했는데
그 또한 그저 그런 것

알아도 그저 그런 것
몰라도 그저 그런 것

돌부처

손타리가 자신의 부른 배를 가리키며 부처님의 아이
라고 우길 때도 깊은 바닷속보다 더 고요하셨더니

아니야, 아니야
촐싹촐싹 부인했으면 어땠을까

도리천주 교시가가 배에 묶은 바가지를 끊어 떨어뜨
렸어도 여전히 깊디깊은 바닷속이셨지

오늘 내가 거룩하게 받드는 표상인 이유

돌아앉지 마십시오, 붓다시여
저 단단함이 절로절로 허물어져 미세한 티끌이 되고
신대

월상녀에게

사왓띠성으로 사리자가 들어가고
월상녀는 사왓띠성에서 나오고

둘은 사왓띠 성문에서 마주쳤다

사리자가 월상녀에게 말했지
자매님, 어디로 가오
월상녀가 대답했지
네, 선생님께서 가시는 곳으로 가고 있지요

사왓띳성 밖의 강물은 품고 있는 모래 수만큼 많은
겁 동안 바다로 갔다

세상의 끝 1

어디쯤일까
붓다께서도 차마 내놓으시지 못한 답

세상의 끝

있는지
없는지
있기도 하고 없기도 한 건지
있는 것도 아니고 없는 것도 아닌지

발밑을 보아라
지금 서 있는 그 자리에서 한 치라도 어긋나면, 그 순
간 우주가 바뀐다

세상의 끝
발아래 엎드려 있지 않은가

세상의 끝 2

끝이 끝에 닿아 시작이 되었다

둥그렇게 시작하여 둥그렇게 끝나는 그 어디쯤,
마디마디 시작이고 끝이다

시작이 시작에 닿아 끝이 되었다

둥그렇게 끝나서 둥그렇게 시작하는 그 어디쯤,
마디마디가 끝이고 시작이다

시작과 끝, 끝과 시작을 한곳에서 둥글게 품었다
붓다의 꿈자리, 본래부터

세상의 끝 3

남전이 원을 그리고 그 안에 앉았을 때
땅이 먼저 알고 속삭였지
높은 데 있는 하늘이란 게 실은 내 등에 닿아 있어
하늘도 먼저 알고 속삭였지
낮은 데 있는 땅이란 게 실은 나의 배에 닿아 있어
그때에야 비로소 하늘과 땅이 맞닿아 있음을 안 남전
원 안으로 우주가 들어와 가부좌를 하였다